OBSERVATIONS
RAPIDES

Sur la nullité du Procès commencé contre LOUIS XVI, et l'incompétence des hommes qui ont cru pouvoir se constituer ses Juges.

POUR SERVIR DE SUITE

AU PLAIDOYER DE M. DE SEZE.

A PARIS,

Chez FROULLÉ, Imprimeur-Libraire, Quai des Augustins, n°. 39.

1792.

OBSERVATIONS
RAPIDES

Sur la nullité du Procès commencé contre Louis XVI, et l'incompétence des hommes qui ont cru pouvoir se constituer ses Juges.

POUR SERVIR DE SUITE

AU PLAIDOYER DE M. DE SEZE.

LORSQUE les membres de la convention nationale se sont, pour la première fois, constitués en corps de représentans, ils auroient pu, s'ils l'avoient jugé à propos, examiner si Louis XVI devoit encourir la déchéance ; car une loi préexistante ayant prononcé cette peine dans divers cas déterminés par elle, rien ne pouvoit empêcher les mandataires du peuple d'invoquer cette loi rigoureuse, et de constituer un tribunal juge de la question de savoir si le monarque inculpé méritoit que l'application lui en fût faite.

La convention nationale semble encore, à quelques égards, avoir pu abolir la royauté à la charge de la sanction populaire ; car ayant été envoyée pour améliorer la forme de gouvernement qui existoit, ou pour en établir une nouvelle, elle avoit droit de prononcer *provisoirement* la destruction de la monarchie, si le sentiment des membres qui la composent est réellement que cette forme de gouvernement ne puisse plus convenir à la France.

Mais en est-il de même, et la convention nationale est-elle également restée dans les bornes de sa compétence quand elle a déclaré *jugeable* la personne de Louis XVI, que la constitution de 1791 a déclaré INVIOLABLE ?

Nous ne le pensons pas.

La constitution de 1791 a élevé

Louis XVI au-dessus de toute jurisdic-
tion pour les fautes antérieures au moment où il a cessé d'être roi. Les Français se sont liés à cette constitution pour
le tems plus ou moins long de sa durée,
par un serment prononcé à la face du
ciel et de la terre. Décider donc, au mé-
pris d'une constitution si solemnelle-
ment jurée, que Louis XVI sera jugé
pour les faits dont la date remonte au
tems où il étoit encore chef suprême de
l'Etat, c'est, de la part de la convention
nationale, décider que le peuple français, au nom duquel elle agit, veut et
entend manquer à sa parole.

Or, qui a dit à la convention nationale que le peuple français qui, depuis
quatre ans, ne cesse de se montrer digne
de la liberté, en en exerçant toutes les
vertus, puisse ou veuille manquer à sa
parole?

Personne assurément, pas même les
représentans du peuple, n'a le droit de
faire à la nation l'outrage de la supposer

disposée à se souiller d'un parjure. S'il arrivoit que, contre les apparences, l'intention qu'on a cru pouvoir lui prêter fût réelle, et qu'elle voulût décidément violer ses promesses, elle en seroit bien la maîtresse sans doute, car on ne peut pas plus contester à une nation qu'à un individu, la triste faculté de se déshonorer quand bon lui semble; mais alors il faudroit que sa volonté fût manifestée par elle-même, car il n'est pas de l'essence des engagemens nationaux que leur maintien soit ou puisse être subordonné au jugement d'une assemblée de mandataires.

Pour rendre la justesse de ce raisonnement plus frappante, distinguons les cas où une nation peut être représentée, d'avec ceux où elle ne le peut pas être.

Il est sensible que, dans un Etat qui a une population de 25 millions d'hommes, l'exercice de la souveraineté ne peut être que représentatif, à cause de l'impossibilité où l'on seroit de soumettre

(5)

les différentes questions civiles ou politiques sur lesquelles il est nécessaire de
statuer, à la discussion d'une masse aussi
immense de peuple. De cette vérité incontestable, il résulte que dans tout ce
qui tient à la législation positive, fondée
de sa nature sur les spéculations de l'esprit, telle, par exemple, que la création
d'une nouvelle forme de gouvernement,
telles encore que l'établissement de ces
autres loix qu'on appelle *civiles*, parce
qu'elles déterminent les rapports des citoyens entr'eux, le peuple peut et doit
être au moins provisoirement représenté.
Mais il n'en est pas ainsi des matières
qui, relatives à une promesse solemnelle,
assermentée d'un grand peuple, intéres-
sent sa droiture, sa loyauté, sa morale,
ses sermens, sa conscience. Sur des objets aussi graves que ceux qui tiennent à
la moralité des actions de tout un peuple, nulle volonté particulière, pas même
celle de ses représentans, ne peut rem-
placer la sienne. Un peuple, dans une

telle hypothèse , rentre dans la classe
des simples individus qui, constitués par
la Providence juges et maîtres de leurs
actions, et lui en étant comptables, ne
peuvent être suppléés par autrui dans ce
qui touche au for-intérieur. Qu'auroit dit
la nation française si, lorsque les membres de l'assemblée constituante jurèrent
personnellement et pour leur compte, de
maintenir de tout leur pouvoir la nouvelle forme de gouvernement qu'ils venoient d'établir, ils eussent prétendu que
ce serment lioit tous les Français d'une
manière aussi irrévocable que s'il eût été,
dès-lors, prononcé par toutes les bou-
ches ou agréé par toutes les consciences ?
L'assemblée constituante étoit sans doute
bien éloignée d'avancer une proposition
aussi absurde. Elle sentit que la religion
du serment étant fondée sur les rapports
de l'homme avec la divinité, celui qu'elle
desiroit qu'on prêtât, ne pourroit pro-
duire d'obligation nationale qu'autant
qu'on en feroit un acte simultané et per-

sonnel à tous les membres de l'aggrégation politique. Elle invita donc tous les
Français à envoyer des mandataires chargés de prononcer ce serment dans le lieu
de la cérémonie générale du pacte fédératif, et à le prononcer eux-mêmes, en
personnes, dans les innombrables lieux
de leurs habitations respectives. Le peuple français, après avoir mûrement ré-
fléchi sur les obligations qu'on lui pro-
posoit de contracter, jugea qu'elles ne
renfermoient rien de contraire à ses intérêts et au bien de la France. Il fit ce
que desiroit de lui l'assemblée constituante, et, dans ces cérémonies, à jamais
mémorables, il se lia au nouveau systême
politique par ce qu'il y a de plus saint et
de plus sacré parmi les hommes. Or,
nous le demandons, si, alors, on reconnut
la nécessité du concours de la nation en
masse pour transformer le serment de
fidélité à la constitution en une obligation nationale, qui oseroit aujourd'hui
nier que la nécessité de ce même con-

cours ne soit également indispensable pour la rompre ? Une assemblée représentative qui chercheroit à colorer de quelques prétextes le refus de recourir, dans une matière aussi grave, à l'intervention du souverain lui-même, ne s'exposeroit-elle pas à la plus grande, à la plus terrible des responsabilités ? Celle de France en particulier ne trahiroit-elle pas, malgré la pureté connue de ses intentions, ses devoirs et la confiance dont elle a été investie si, sans daigner consulter ses commettans, elle prenoit sur elle de violer en 1792 un pacte que contracta en 1790 tout le peuple français à la face de l'Eternel ?

Mais, diront les ennemis de la liberté, (car c'est l'être que d'attribuer à une assemblée représentative le droit arbitraire ou de maintenir les engagemens d'une grande nation, ou de la flétrir d'un parjure) « mais, diront-ils, en par- » tant du principe que nous violons nos » engagemens, vous supposez démontré

» ce qui n'est encore qu'en question.
» Nous convenons bien avec vous qu'on
» doit garder fidèlement ses promesses;
» mais nous soutenons qu'on peut juger,
» condamner même Louis XVI sans que
» la loyauté française en reçoive la plus
» légère atteinte. »

A une objection aussi étrange, la réponse est simple : c'est l'acte constitutionnel à la main que nous offrons prouver que Louis XVI n'est et ne peut être justiciable d'aucun tribunal. Sur cet objet, au reste, nous renvoyons ceux qui ont un sentiment contraire à ce que nous avons dit du dogme de l'inviolabilité, dans la brochure intitulée : *Supplément aux Réflexions de M. Necker;* Ouvrage où nous croyons avoir démontré, jusqu'à l'évidence, que la loi a d'avance absous le roi constitutionnel des Français, des fautes personnelles qui pourroient lui échapper, et ne s'est réservée d'exercer ses rigueurs que sur ses entours. Nous pourrions citer encore le décret de l'assemblée constituante , de cette assemblée qui , proclamatrice du principe de l'inviolabilité, devoit, au moins autant que nos patriotes d'aujourd'hui, en connoître le sens et le véritable esprit. Or, on sait que par ce décret, elle déclara que la personne du roi n'étoit pas jugeable. Nous pourrions enfin invoquer le témoignage de la France entière qui témoigna alors, de la manière la moins équivoque, son assentiment à la décision par laquelle les constituans venoient de réaliser, dans la personne de Louis XVI, le privilége de l'inviolabilité monarchique. Ceux donc qui prétendent aujourd'hui mieux connoître la constitution que ne la connoissoient, en 1791, l'assemblée constituante, et la nation française elle-même, prétendront-ils aussi qu'on doit déférer aveuglément à l'avis qu'ils énoncent, et érigeront-ils en crime le droit et le desir bien naturels qu'ont ceux qui ne pensent pas comme eux, d'appeller au souverain lui-même de leurs inter-

prét tions paradoxales et mensongères ?
Nous ne pouvons croire qu'ils portent
jusques-là la présomption : tout ce qu'ils
pourroient dire de plus favorable à leur
système, c'est que, sur la question de
savoir si Louis XVI est ou n'est pas
jugeable, il s'élève des doutes; mais, s'il
s'en élève, quelle puissance sur la terre
autre que le peuple français lui-même,
peut les dissiper ? Qui peut, si ce n'est
lui, déclarer dans quelle intention il a
juré, quelle extension, lorsqu'il a prêté
le serment fédératif, il a entendu donner
aux prérogatives du trône, ou quelles
bornes il a prétendu y assigner ? Comment
des mandataires, à moins qu'ils n'aient,
comme la Divinité, le privilège de lire
au fond des ames, pourroient-ils se permettre d'attacher aux promesses que fit
le peuple à Louis, lors de l'acceptation
du nouveau pacte, un sens qu'ils disent
bien être le véritable, mais qui est
contraire à l'opinion reçue, et qu'il n'a
pas plu encore juqu'à ce jour au peuple

de leur révéler ? Comment, dans une matière où il s'agit d'un fait commun à tout le peuple, pourroient-ils prononcer sur ce fait, dont, s'il existe, la connoissance réside au fond du cœur et de la pensée du peuple ? Enfin, comment, lorsqu'il ne s'agit ni de spéculations politiques ni de loix conventionnelles et arbitraires, mais comme nous venons de le dire, de la découverte d'un fait, de la question simple de savoir dans quel esprit le pacte fédératif de 1790, a été juré par tous les citoyens de l'empire, ces mêmes mandataires pourroient-ils statuer, sans retour, sur un problême qui, tenant à la probité publique, à la religion du serment, à la moralité d'un acte véritablement populaire et national, n'a pu, et ne peut, sous quelque rapport qu'on l'envisage, trouver de solution réelle que dans la conscience de la nation française ?

Nous ne pouvons trop le répéter, une nation peut être représentée dans ce qui

est du ressort de la législation positive,
des loix conventionnelles et arbitraires,
mais jamais dans les matières qui tiennent
à l'honneur, à la morale, à la probité de
cette nation elle-même. Un corps législatif représente l'*esprit* de la nation à
qui il appartient; il n'en représente pas,
il n'en peut représenter *la conscience* (1).

____

(1) Observez que cette représentation *de l'esprit*,
que nous appellons ainsi pour la présenter dans un
sens opposé à celui *de conscience*, n'est elle-même
que provisoire. Cette vérité a été reconnue par la convention elle-même, qui a déclaré que ses décrets
constitutionnels seroient soumis à la sanction du
peuple. Or, si sur ces matières, qui sont incontestablement de leur ressort, la convention ne peut prononcer d'une manière définitive, comment pourroit-
elle prononcer, sans appel, dans ce qui tient à l'interprétation mentale d'une promesse publique, sur-tout
lorsque de cette interprétation juste ou erronée, peut
dépendre la vie ou la mort d'un homme? La convention a pu prononcer la destruction de la constitution
de 1791, et ordonner l'établissement d'une république;
en cela, elle a supposé que la volonté du peuple étoit
de changer la forme de son gouvernement. Et comme
il est, en effet, possible que le peuple veuille la changer,
comme il en est le maître, il s'ensuit que la décision
de ses représentans, à cet égard, ne contient rien

Il ne peut, sur-tout, anéantir, par la seule expression de sa volonté, un acte qui, outre qu'il est fondé sur la sainteté des sermens, a été consommé, non pas seulement *au nom du peuple*, mais PAR LE PEUPLE LUI-MÊME. Son anéantissement exige donc, comme l'a exigé sa formation, le concours actif de la nation en masse. Et qu'on ne renouvelle pas ici l'objection que, juger le roi, n'est pas anéantir le pacte fédératif de 1790. Nous répliquons avec une quantité innombrable

---

d'absurde, rien d'immoral, rien même qui entraîne des inconvéniens irrémédiables, et qu'elle doit, par cette raison, être maintenue jusqu'au moment où elle sera soumise au peuple, qui, arbitre suprême de ses intérêts pourra agréer, si bon lui semble, les destructions opérées en son nom, et recréer aussi, s'il lui plaît, les choses ou quelques-unes des choses que ses mandataires ont cru devoir détruire. Mais le mal seroit-il également réparable si, sans le concours du peuple et sans daigner interroger son vœu, on assassinoit légalement son roi en son nom ? Quelque contraire que le peuple fût à un pareil jugement, et quelqu'horreur qu'il en éprouvât, son indignation ne ramèneroit pas à la vie celui qui en auroit été frappé ; car enfin, on peut bien tuer provisoirement des monarchies, mais ce provide citoyens·, que c'est le méconnoître ce pacte, le frapper, le détruire de la manière la plus complète et la plus scandaleuse. Or, qui peut, si ce n'est la collection entière du peuple, se constituer juge de cette controverse ? La convention nationale peut bien préparer les bases du nouveau gouvernement qu'elle croit convenir à la France ; elle peut statuer sur la division des pouvoirs politiques à la charge de la sanction populaire ; elle

---

soire n'a pas lieu à l'égard des hommes qui, une fois qu'ils sont tués, le sont d'une manière définitive.

Ce que nous venons de dire ici, ne concerne, comme on le voit, que la barbare absurdité qu'il y auroit de prononcer, de la part de la convention, d'une manière définitive sur l'affaire de Louis XVI. Mais quelle nouvelle force n'acquiert pas ce raisonnement, quand il est démontré que la convention n'a pas, dans cette affaire qui tient à l'interprétation mentale du serment fédératif des Français, de compétence, même provisoire, et que, sur cet objet, les membres qui la composent ne cesseront d'être incompétens que lorsque, comme nous l'avons déja dit, il aura plu à la Divinité de déléguer, à chacun d'eux, le privilége qu'elle s'est réservée, jusqu'à ce jour, exclusivement de lire au fond des cœurs et des consciences ?

peut, dans les objets de législation civile, décréter, par exemple, que la majorité des citoyens, au lieu d'être acquise à vingt-cinq ans, le sera à vingt-un ou à trente. Enfin, elle peut, si elle le juge convenable, décréter qu'il sera loisible aux citoyens de disposer, par testament, en faveur de personnes étrangères, du tiers de leur bien, ou restreindre, si elle le veut, cette disponibilité au quart, au huitième, au seizième des fortunes. Ces décisions, et mille autres du même genre, tenant à des matières arbitraires où les sentimens des hommes varient d'autant plus, qu'ils n'ont pas, dans l'examen qu'ils en font, le flambeau de l'immuable vérité pour guide, ne blessent ni la souveraineté du peuple, ni sa morale. C'est même dans ces questions, où toutes les volontés particulières sont mobiles, qu'une autorité représentative est indispensablement nécessaire, parce qu'alors il s'agit moins pour la société, qui a besoin d'un point d'où elle puisse

partir,

partir, de chercher des systêmes tout-à-
fait justes que d'en consacrer, au moins
provisoirement, de fixes et de conventionnels. Mais en est-il de même, et
une assemblée représentative est-elle également compétente, quand, dans la
question qu'on discute, il s'agit de savoir
si un fait allégué en faveur d'un monarque accusé, et *personnel à tous les
membres de l'aggrégation politique*, est
vrai ou est faux ? Non sans doute. Le
mensonge et la vérité ne sont pas conventionnels ; ils existent indépendamment
de la volonté, des combinaisons, du
caprice même d'une assemblée de législateurs. Ainsi, de ce qu'il a plu à la convention de déclarer le roi des Français *jugeable*, le roi des Français n'en est pas
moins *inviolable*, si, lors du pacte fédératif de 1790, la nation toute entière a
réellement voulu qu'il le fût. Or, on ne
peut douter qu'elle ne l'ait voulu, quand
on considère l'éclatant hommage qu'en

.1790 et 1791., elle rendit à cette pieuse fiction , qui, plus fondée encore sur l'intérêt des peuples, que des rois , suppose ceux-ci, infaillibles, impeccables, et toujours aussi constamment animés du désir d'opérer le bien , qu'essentiellement incapables de faire ou de vouloir le mal. Comment donc , quand le peuple françois a reconnu ce principe tutélaire et conservateur des monarchies ; et quand, par une conséquence de ce principe qui consacre l'impunité du prince , il a entouré celui-ci d'agens responsables à la la loi de l'abus qu'ils pourroient faire de son autorité , les délégués de ce même peuple pourroient-ils , sans un mandat spécial, se permettre d'interprêter aujourd'hui , d'une manière contraire, le serment qu'il a prêté, sa volonté suprême qu'il a manifestée ? Que diroit-on du mandataire d'un particulier qui, porteur d'un pouvoir général de gérer ses affaires , étendroit sa mission au-delà des bornes d'une gestion d'intérêts temporels , et iroit jusqu'à prétendre représenter son commettant dans ce qui touche au for-intérieur, en donnant à un serment prêté, par ce commettant, une interprétation contraire à ses principes, à ses sentimens connus, et cela, sur le fondement qu'il seroit, lui mandataire, par l'effet de la procuration générale, remise en ses mains, initié dans les secrets les plus profonds de l'ame et de la pensée de l'individu qui l'auroit souscrite ? On diroit, sans doute, de l'homme qui afficheroit de bonne foi de telles prétentions, qu'il a perdu l'esprit : cependant, n'en déplaise à la convention nationale, c'est là le cas véritable où elle se trouve. Les membres qui la composent peuvent-ils, en leur qualité de mandataires du peuple, déclarer que le peuple a entendu, lors de la prestation du serment fédératif, que le roi seroit justiciable des tribunaux comme les autres individus de la société, si l'assertion contraire est gravée en caractères ineffaçables dans la conscience du peuple français ?

Peuvent-ils, en leur qualité de mandataires du peuple, déclarer que l'intention
du peuple, lors de la cérémonie fédéra-
tive, a été que, dans le cas où le roi seroit convaincu de quelques erreurs politiques, ou même, si l'on veut, de quelques délits constitutionnels, sa tête pût
être frappée, si le peuple français a eu
alors, et a encore aujourd'hui le sentiment intime, la conviction profonde
que, toujours et dans tous les cas, elle
doit être inviolablement, exclusivement
respectée ? Peuvent-ils, en leur qualité
de mandataires du peuple, déclarer, au
nom du peuple, que condamner le roi,
que verser son sang, n'a rien de contraire à ce que les Français jurèrent à leur
monarque, par le serment de la nouvelle
alliance, si le peuple français qui doit un
peu mieux savoir ce qui se passoit alors
dans son intérieur, que des mandataires
à qui il n'en a rien dit, a, lui, la certitude qu'il ne pourroit voter ce décret
homicide sans se flétrir d'une perfidie,

fouler aux pieds sa parole, et se souiller aux yeux de l'univers qui le contemple, d'un odieux parjure et du plus exécrable des patricides ?

Qu'on ne dise pas qu'en déclarant le roi jugeable, la convention a cru devoir interpréter ainsi la loi sur l'inviolabilité, et qu'il est d'usage que la société soit représentée dans l'interprétation et application aux individus d'une loi existante. Ce feroit abuser étrangement d'une maxime vraie en soi, que de l'appliquer ici. D'abord, il y a une différence radicale entre les loix ordinaires qui, en effet, s'interprêtent, s'appliquent par la voie des autorités représentatives, et celle qui a déclaré la personne du roi sacrée et inviolable. Dans l'interprétation des premières, un corps représentatif est compétent, parce qu'elles tiennent à des matières positives ; parce que c'est un corps légiflatif qui les a rendues ; parce que le peuple n'a pas concouru à leur établissement d'une manière active et réelle, et qu'il est naturel de faire interpréter des loix par l'autorité même qui les a créées. Dans ces sortes d'interprétations d'ailleurs, il ne s'agit point d'une promesse solemnelle, faite par la *nation entière* à un ou plusieurs individus *personnellement*, mais seulement de remplir l'obligation générale, contractée par la société, de rendre ou de faire rendre la justice. Ainsi, il suffit pour elle, et pour les citoyens, qu'on fasse, autant qu'il est possible, une interprétation raisonnable envers chacun d'eux, d'une loi rendue pour tous. Ici, au contraire, c'est la nation en masse qui a comparu, qui a agi, qui a parlé ; c'est elle qui, par le pacte fédératif de 1790, s'est liée à son monarque, de même que son monarque s'est lié à elle. C'est elle qui a voté à Louis XVI des prérogatives personnelles, en désignant dans son serment l'individu, qui, seul parmi tous les autres, devoit en jouir, et en jurant même de ne jamais souffrir que la plus légère atteinte y fût portée.

C'est elle enfin qui, d'une manière di-
recte, immédiate, et sans emprunter l'or-
gane d'aucun corps intermédiaire, a déclaré, sous la religion du serment, la
personne de son roi, *sacrée et inviolable.*
Or, aujourd'hui qu'il s'élève des doutes
sur le sens des mots, *roi inviolable*, qui
peut les résoudre si ce n'est la nation
elle-même ? Des mandataires ont-ils le
droit, sans une autorisation spéciale, de
s'ériger en interprètes de ses sentimens,
sur-tout quand sur l'objet de la controverse, ils lui attribuent en 1792 une doctrine absolument contraire à celle qu'elle-
même professa hautement en 1791 ? Ont-
ils le droit de hasarder en son nom une
rétractation qu'elle ne les a pas chargés
de faire ? Quel caractère enfin ont-ils
pour prononcer une décision qui, tenant à l'étendue et aux bornes des promesses faites au roi par tous les Français
lors du serment fédératif, ne peut être
rendue que par le même concours d'individus auxquels cet acte également

national et religieux est personnel ?

Mais cette vérité que des mandataires ne peuvent sans un pouvoir spécial, s'ériger en interprêtes, en appréciateurs du sens mental d'une promesse assermentée, est si incontestable, si frappante, si évidente, que nous craindrions de faire injure au public et aux membres mêmes de la convention nationale, si nous essayons d'en porter plus loin les développemens.

De ce que nous venons de dire, il résulte donc, 1°. que le procès, si légèrement commencé contre Louis XVI, est attentatoire à la morale, à la souveraineté du peuple.

2°. Que Louis XVI, en faveur duquel une inviolabilité absolue a été jurée, n'est pas jugeable.

3°. Que, le fût-il, il ne pourroit être déclaré tel que par le concours actif des divers individus qui composent la nation française.

Que doit donc faire la convention nationale dans la conjoncture très-épineuse où elle s'eft placée par son imprudence ?

Se bien donner de garde de juger Louis XVI, et même de le juger à la charge de l'appel au peuple; car, dans ce dernier cas, elle trancheroit précisément la question qui doit être seule soumise au peuple, celle de savoir si Louis XVI est jugeable.

Ne pas non plus, comme le lui ont proposé quelques-uns de ses membres, charger les corps électoraux de nommer les membres d'un tribunal qui auroit la mission de juger le roi; car l'assemblée qui intimeroit un pareil ordre, et les corps électoraux qui y obéiroient, décideroient encore ce qui est en question, c'est-à-dire, que le roi est jugeable. Or, comme nous venons de le démontrer, il n'appartient ni à elle, ni à eux de résoudre un pareil problême.

Mais revenir à la raison, à la justice, à la vérité, en déclarant de la part de la

convention que, d'après le pacte constitutionnel de 1790, Louis XVI n'est
pas jugeable. On raisonneroit mal si l'on
prétendoit qu'une déclaration aussi faite
pour honorer les législateurs français,
auroit quelque chose d'incompatible avec
leur incompétence dont nous venons de
développer les preuves. Nous prions les
personnes qui croiroient pouvoir faire
cette objection, de considérer qu'en déclarant la personne du roi non jugeable, les membres de la convention seroient moins des juges que les organes
passifs de la volonté publique. Ils ne
feroient en cela que rendre hommage à la
doctrine qu'adopta le peuple français en
1790, que consacra en son nom l'assemblée constituante en 1791, et à laquelle
(on se le rappelle) la nation entière adhéra
alors de nouveau d'une manière aussi
unanime qu'éclatante. Ainsi, une telle
décision, loin d'être propre aux députés
conventionnels, ne seroit que déclara-
tive d'un vœu national antérieurement

exprimé. Au contraire , quand ils ont déclaré que le roi étoit jugeable, ils ont implicitement déclaré, ou que la nation avoit juré le pacte fédératif dans un autre sens que celui hautement professé par elle-même en 1791 , ou que sa volonté sur ce qui touche aux prérogatives de l'inviolabilité royale , étoit de changer de doctrine , et de manquer à sa parole. **Or,** la nation n'a dit cela , n'a exprimé **cela** nulle part : elle n'a point chargé ses mandataires actuels de le déclarer pour **elle.** Cependant , un fait aussi incroyable **que** le premier, aussi injurieux que le second, a besoin de preuves bien authentiques pour qu'on y ajoute foi ; et comme **nul** individu , nulle autorité constituée , ne peuvent répondre que l'un ou l'autre de ces faits existe : comme Dieu et **la nation** française peuvent seuls savoir ce **qui** en est, il en résulte que dans le **cas où** l'on persisteroit à vouloir juger le roi, il est nécessaire, indispensable, qu'avant tout, la nation entière soit consultée.

Nous ignorons si la convention nationale prendra le parti de rendre ouvertement hommage au principe de l'inviolabilité, en déclarant le roi des Français *non jugeable*, ou si, comme elle est composée d'hommes, elle sera assez malheureuse, assez foible, pour préférer la honte de persévérer sciemment dans une grande erreur, à la gloire de la reconnoître et de la réparer. Dans ce dernier cas, qui est, hélas! le plus vraisemblable, elle ne pourra du moins, et nous l'avons démontré, se dispenser de renvoyer le procès qu'elle a cru pouvoir intenter à Louis XVI, au jugement des assemblées primaires de la république. Une fois traduit devant ce tribunal, qui, seul, sera légal, parce qu'en lui seul résideront la puissance et la souveraineté du peuple dans toute leur plénitude, le roi, non-seulement, n'aura plus rien à craindre des sanguinaires tentatives de ses ennemis, mais pourra même compter sur la certitude du triomphe de son innocence.

Pour la faire triompher cette innocence,
il pourra se prévaloir de l'acte même
qu'on appelle *énonciatif de ses délits*, car
il ne rappelle guères que des actes permis,
prescrits même par l'acte constitutionnel,
ou quelques autres, qui, à la vérité,
ne trouveroient pas leur justification dans
le nouveau code, mais dont la date remonte à une époque où Louis étoit encore
investi d'une puissance, dont lui-même
ne connoissoit pas les bornes. Quand au
reste, on parviendroit à convaincre de
quelques transgressions constitution-
nelles, ce prince, dont les vertus sont
aujourd'hui méconnues de quelques
hommes, mais que la postérité, juge
impartial des peuples et des rois, vengera
un jour avec éclat de leurs injustices, ses
accusateurs n'en seroient pas plus avancés:
il lui suffiroit, pour leur imposer silence, de
rappeller au souvenir d'une nation loyale
et généreuse le pacte fédératif juré par
elle en 1790, la cérémonie à jamais sainte

et auguste qui le consacra, et enfin d'inter-
peller, sur la promesse solemnelle que
lui fit alors le peuple français, sur la parole sacrée qu'il lui donna, tous les cœurs
et toutes les consciences.

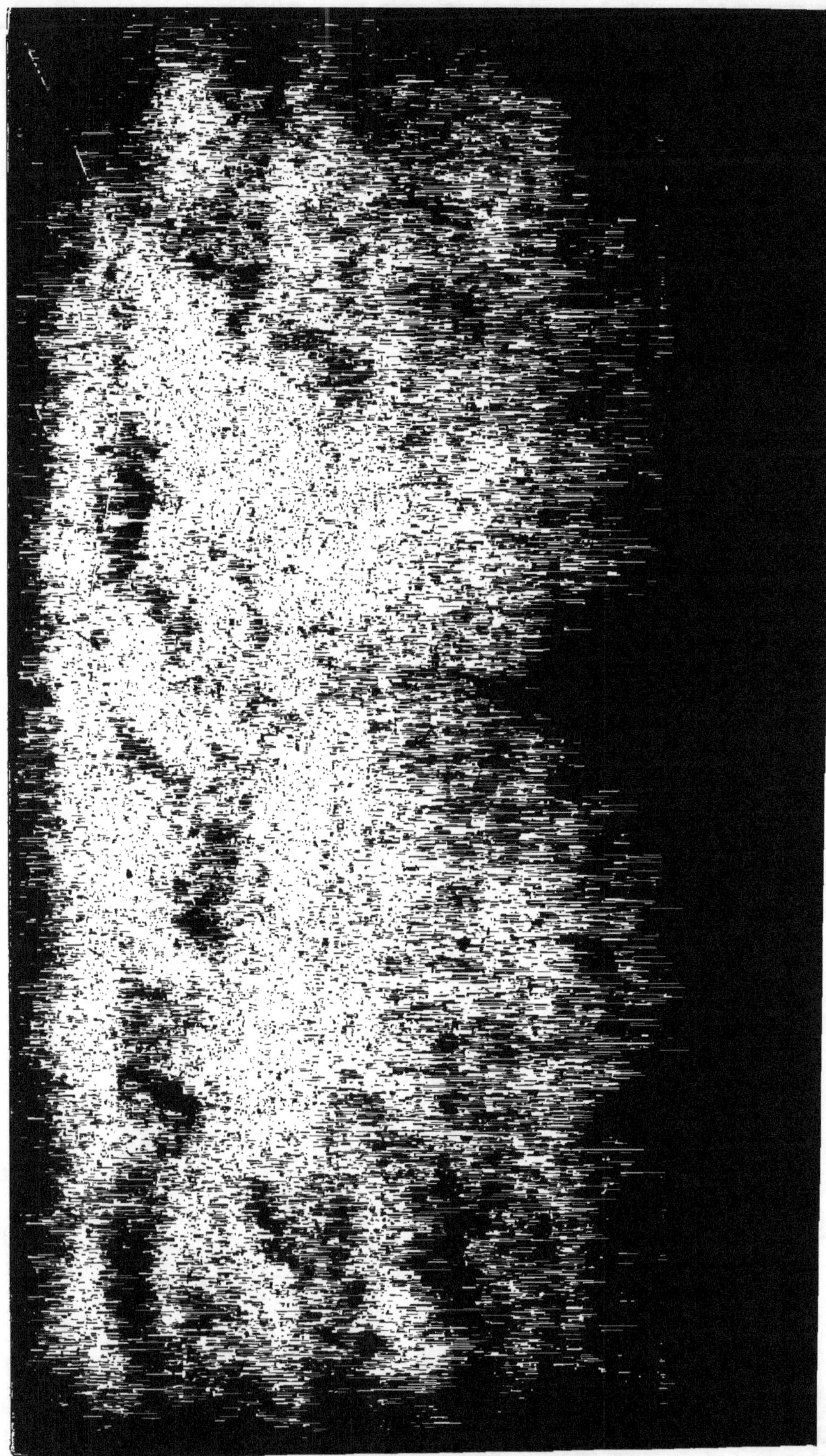